D1699535

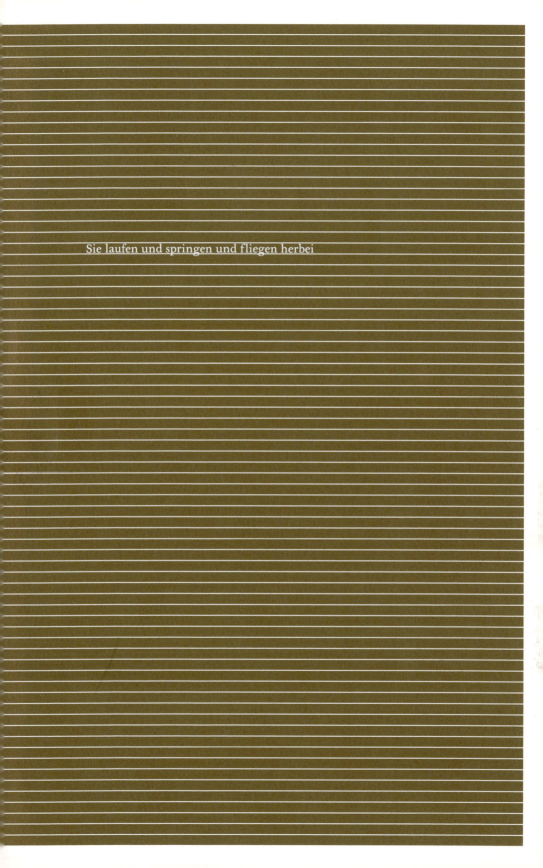

Sie laufen und springen und fliegen herbei

Paul Konrad Kurz

Sie laufen und springen und fliegen herbei

Tiere an der Krippe

Mit Zeichnungen von
Sieger Köder

SCHWABENVERLAG

Impressum

Alle Rechte vorbehalten
© 2005 Schwabenverlag AG, Ostfildern
www.schwabenverlag.de

Gestaltung: Finken & Bumiller, Stuttgart
Umschlagmotiv: Sieger Köder
Herstellung: Memminger Mediencentrum, Memmingen
Printed in Germany

ISBN 3-7966-1241-5

Inhalt

Das Bild

Vor Augen eine leere Windel.
Du fragst, wo liegt das Kind.
Es liegt im Stall und liegt bei dir,
wo immer deine Gedanken sind.

Es liegt, du weißt, bei Ochs und Esel,
bei Josef und der Mutter Marie.
Manche meinen, sie sehen das Kind
und hörten auch, wie es schrie.

Das steht nicht bei Lukas.
Aber denkbar ist's schon.
Es lag ja nicht stumm
auf einem goldenen Thron.

Das Kind kann nicht reden,
aber die Liebe spüren.
Die kam von seinen Eltern
und sogar von den Tieren.

Zu guter Letzt
trittst du hinzu.
Du verbeugst dich und wünschst
ihm Weihnachtsruh,

dass der versprochene
Friede auf Erde
Gabe für alle
Menschen werde.

Wenn die Stunde kommt

Mit seinen Hufen scharrt der Ochs.
Der Esel spitzt die Ohren.
Laute haben sie gehört.

Drinnen steht ein Mann,
sichtlich blass, mit Tüchern
wartet er verstört.

Neugierig streckt die Magd,
die Schürze umgebunden,
ihren Hals am Zaun.

Wer hat sie aus
dem Dorf geschickt?
Will sie das Kindlein schaun?

Noch singen keine Himmlischen.
Unbeleuchtet hängt der Stern.
Hirten nicht auf ihren Beinen.

Wenn die Stunde kommt,
wollen alle artig
vor dem Kind erscheinen.

Der Esel

Ich habe Maria auf meinem
Rücken getragen.
Weit fortgeschritten war
die Schwangere in ihren Tagen.

Geführt von Josef ging ich
Tritt für Tritt.
Wir zogen über die Berge.
Ich spürte, dass sie litt.

Vom Ölberg abwärts
ging's durch die Tempelstadt.
Als wir nach Betlehem kamen,
war Maria schon sehr matt.

Der Herbergswirt wies uns
mit harschen Worten weiter.
Seine finstre Miene
ließ uns ratlos, leider.

Schließlich fanden wir
eine dürftige Höhle,
benutzt von Tieren,
sonst für keine Seele.

Stroh lag in der Ecke
und etwas Heu.
Sorgsam bettet Josef
Maria auf die Streu.

Sie gebar in jener Nacht.
Ich musste leise stöhnen.
Dann war'n der Himmel und die Luft
erfüllt von wundersamen Tönen.

Die Eule

Andere Vögel schlafen
nachts in ihrem Nest.
Ich, die Eule, wache
auf knorrigem Geäst.

Meine Seheraugen blicken
in die Nacht hinaus.
Hin und wieder unter mir
fliegt eine Fledermaus.

Auf einmal näherte
sich ein Sternenhaufen.
Ich hörte Menschen. Dann
sah ich Hirten laufen

geradwegs unter mir
in ihren Mänteln schnell.
Einer trug ein Lamm,
der andere im Arm ein Fell.

Ich hörte Keuchen.
Sie blieben stehen. Neugier
scheucht mich aus dem Baum,
dass meine Flügel rauschen.

Das Schaf

Als das Licht am Himmel schwand,
packte mich ein Hirt,
warf mich auf seine Schulter.
Glaubt mir, ich war verwirrt.

Erst riefen sie durcheinander.
Dann liefen sie zusammen.
Ein Junger wollte wissen,
woher die Lichter stammen.

Bald konnten sie sich einigen.
Sie machten sich auf den Weg.
Für mich auf seinem Rücken
war es ein Privileg.

Sie schritten über die Weiden,
mieden Hof und Hag.
Bald hatten sie gefunden,
wo das Kindlein lag.

Von der Schulter sprang ich,
blökte laut mein Mäh.
Dann sah ich das Geschehnis
aus allernächster Näh.

So ganz einfältig, wie sie
mich machen, war ich nicht.
Jetzt trat ich in der Höhle
vor sein Angesicht.

Die Taube

Natürlich bin ich,
mit Verlaub,
keine weiße
Tempeltaub'.

Mein Federkleid
ist grau gefleckt.
Nur oben bin ich
weiß bedeckt.

Nachts flieg ich nicht.
Ich wachte auf.
Ein Leuchten stand
und Singen klang zuhauf.

Als drüben Hirten
sich zusammenriefen,
flog ich flügelleicht,
wohin sie liefen.

Eine Mutter hatte
ihr Kind zur Welt gebracht.
In einer Krippe lag es,
ärmlich überdacht.

Ich wünschte ihnen
mit lautem Flügelschlag
gute Nacht und
guten Tag.

Dachte, ob es
euch im Stall gefällt.
Dann schwang ich mich
hinaus aufs weite Feld.

Die Höhlenmaus

Vermutlich bin ich die Geringste
unter Weihnachtstieren.
Übertags verkriech ich mich
auf allen Vieren.

Für meine Größe ist
im Erdspalt immer Platz.
Nur wenn die Katze kommt,
gibt's eine Hatz.

Natürlich muss auch eine Maus
sich mit Speis ernähren.
Da schau ich auf die Schüsseln,
sehe nur die leeren.

Das Kind störe ich nicht,
den Esel aber schon.
Der verjagt mich gleich
mit seinem I-ah-Ton.

Das ist des Langohrs lauter
Beitrag für Gestaltung.
Bei so viel Stille braucht
die Höhle Unterhaltung.

Die Katze

Mir ist eine Höhle
kein fremdes Gehäuse.
Ich streune nachts herum
und fange Mäuse.

Ein jeder muss sich
irgendwie ernähren.
Um Meinung kann ich
mich wenig scheren.

Beute suchend,
zog ich hier vorbei.
Eine Eule rief,
dass etwas vorgefallen sei.

Auf Katzenpfoten
schlich ich ein.
Was mochte drinnen
geschehen sein?

Unter Mutteraugen ruht
ein Kindlein still in sich.
Ich, Jägerin,
mir wurde feierlich.

Andacht hieß mich
Pfötchen falten.
Gern hätt ich mit dem Kind
mich schnurrend unterhalten.

Die Eule und der Ochs,
die hätten nicht geschrien.
Doch wegen eines Bellers
musst' ich mich verzieh'n.

Der Hund

Ein Hund, sagen Leute,
passt nicht vor die Krippe.
Verjagt den Beller schnell
zu seiner Hundesippe.

Als ob ich immer bellen müsste,
wüsste nicht, was sich gehört.
Ich bin nicht der Köter,
der den Weihnachtsfrieden stört.

Die Menschen sind es. Sie verweigern
Frau und Kind ein Bett.
Menschen sind rücksichtsloser
als ein Hund, ich wett'.

Ich tret herein und stelle
mich artig vor das Kind.
Niemand rümpft die Nase
vor dem Hundewind.

Ganz sachte dreht sich
die Mutter zu mir um.
Meinen Kopf heb ich und blicke
zu dem Geborenen stumm.

Gewiss erkennt die Frau
Ehrfurcht in meinem Blick.
Mich verneigend, trete
ich zwei Schritt zurück.

Niemand fürchtet sich, noch fragt,
was ist dein Begehr?
In meinen Augen blüht das Kind
wie eine Rose her.

Der Fuchs

Beim Fuchs denken
Menschen gleich an List.
Sie sagen, dass der Kerl
verstohlen ist.

Aber lebe einer
in der Wüste draußen,
versuch er, zwischen Stein
und Ginster nur zu hausen.

Nein, ein Vergnügen
ist das nicht.
Tatsächlich scheu' ich
Tageslicht.

Deshalb streif ich
in der Nacht
zu einem Huhn,
das nicht mehr wacht.

Gleich bricht ein
Geflenne aus
in dem verschlafenen
Hühnerhaus.

Ochs und Esel
stehen im Stall.
Was sich da rührt,
ist nicht mein Fall.

Ein armes Kind.
Um Gottes willen.
Will die Mutter hier
ihr Kleines stillen?

In der Krippe liegt es.
Wessen Sohn?
Eh man meinen Besuch
erblickt,
mach ich mich davon.

Die Löwin

Aus den Bergen
streiche ich ins Tal,
auf Nahrungssuche
von Mal zu Mal.

Gegen Hunger
muss ich mich wehren,
meine gefräßigen
Bälger ernähren.

Vor dem Schafstall drüben
ein heller Schein.
Es muss etwas
geschehen sein.

Seltsames Getier
hat sich gefunden.
Die sind an Jagen
nicht gebunden.

Ein Kind, das sanft
in Windeln liegt,
auf Heu und Stroh
von der Mutter gewiegt.

Da jeder weiß,
dass ich Schafe reiße,
fürchtet man
mein wildes Gebeiße.

Ich bleibe draußen,
umkreise den Ort,
denke das Meine
und suche ein Wort.

Einst lebten wir alle
im Garten hienieden,
Löwe und Lamm
fraßen in Frieden.

Könnte der Friede
wieder kommen?
Ich mag es nicht glauben –
aber die Frommen.

Der Luchs

Einige denken,
ich sei eine Katze.
Andere argwöhnen,
ich sei ein Wolf.

Ich mach nur dem
Maulwurf ritze-ratze.
Schon ein Klippdachs
reißt vor mir aus.

Im Dunkel schleich ich
um Hirten und Zelt.
Menschen leben
in einer anderen Welt.

Ihre Babies fallen
nicht auf den Boden.
Die werden säuberlich
aufgehoben.

Geboren am Dorfrand
wurde ein Kleines.
Der Stern sagt, er sei
eines Fürsten Sohn.

Aber die Krippe
ist nicht gerade
Vorplatz für einen
goldenen Thron.

War seinen Eltern,
frage ich leise,
ein Kissen nicht möglich,
Samt zu teuer?

Ich hätte dem Kind
Besseres gewünscht,
ein Kissen aus Samt
und wärmendes Feuer.

Das Kamel

Ein Kamel hat unter Männern
einen großen Namen.
Es duckt sich nicht vor denen,
die vor ihm kamen.

Von weither komm' ich,
musste durch die Wüste schreiten,
trug Karawanenführer,
die wie Könige auf mir reiten.

Zugegeben, ich bin hier
nicht vorgesehn im Stall.
Erst wenn die Magier kommen,
wird das Kind mein Fall.

Da wohnt es dann
in einem richtigen Haus.
Als die Kunde zu mir drang,
lief ich stracks voraus.

Was will der Langhals da
mit ungeputzten Hufen?
Ihr seht mich stehen wie
vor Altarstufen.

Dank, wenn mich keiner
vor dem Kind verjagt,
ihr den nicht eben
ausdrucksvollen Blick ertragt.

Ein Kamel trägt, wenn es schreitet,
dies und jenes in den Sinnen.
Hier scheint mir, hier geschieht
ein wunderlich Beginnen.

Der Elefant

Dass ich vor der Krippe stehe,
ist nicht Phantasie.
Den Neugeborenen musst' ich finden.
Ungewollt erschreck' ich sie

mit meiner mächtigen Größe,
Riesenzähne aus Elfenbein.
Ich lege mich vorsichtig nieder,
mache mich in Grenzen klein.

Alle konnten sogleich sehen,
dass ich kein Wilder war.
Auf zwanzig Zehen huldige
ich dem Elternpaar.

Erhebe meinen Rüssel,
so weit es geht, nach oben,
den Geborenen in der Krippe
mit Trompetenschall zu loben.

Verwundert lauschen Mann und Frau
meiner Rüsselführung.
Hände strecken sich nach mir,
danken durch Berührung.

Ich steh auf und beuge
mein hohes Haupt vor ihnen,
wissend, ihrem heiligen Kind
bist du heut erschienen.

Kommt ein Lahmer

Kommt ein Lahmer
hinterdrein.
O jeh, das muss
ein Eselchen sein.

Mir scheint, das hat
den Fuß verstaucht.
Ein grober Knecht
hat es missbraucht.

Angeschrien,
zugeschlagen.
Der Rücken wollte
nicht mehr tragen.

Komm her, Geschlagener,
gemieden.
Sieh, hier geschieht
der Weihnachtsfrieden.

Tritt her, I-ah,
zu der Höhle.
Auch in dir
blüht eine Seele.

Viele schon
vor dir einkehrten,
die das Kind im Stall
verehrten.

Schau nur, hier gilt
Geltenlassen,
anders als auf
engen Gassen.

Ob mit gesundem,
lahmem Bein,
was einer ist,
darf einer sein.

Der kleine Elefant

In der Höhle
liegt ein Kind,
verborgen, dass man
es nicht find'.

Aber es ist
längst gefunden,
ich weiß nicht vor
wie vielen Stunden.

Mich gebar man
ganz im Warmen.
Gehört das Wesen
zu den Armen?

Vater, Mutter,
wie zum Beten.
Darf ich feierlich
trompeten?

Der Weihnachtsfloh

Mit Verlaub, ich bin
der Weihnachtsfloh.
Das Kind liegt vorne,
ich hinten auf dem Stroh.

Die Leute zählen
mich zur Insektensippe.
Aber fliegen kann ich nicht.
Ich hüpfe zu der Krippe.

Beißen, nein,
das fiele mir nicht ein.
Ich nehme nur das Kind
in Augenschein.

Natürlich muss man sich
von Zeit zu Zeit ernähren.
Da darf ein Pelziger
sich seiner Haut erwehren.

Danach zieh ich die Beine
ins warme Stroh zurück.
Der Stall ist auch für meine
Wenigkeit ein Glück.

Ochs und Esel

Ihr Leute, stellt uns nächstes Jahr
in eurer Krippe wieder auf.
Josef und Maria fühlen sich
wohl bei unserem Geschnauf.

Das Krippenkleine atmet
ruhig ein und aus,
als wäre es geboren
in einem richtigen Haus.

Die Hirten waren überrascht,
als sie uns fanden,
weil sie erst suchen mussten,
wo wir schon standen.

Wir beide werden seither
beachtet mit dem Kind
im Stall, wo Mensch und Tier
versammelt zur Familie sind.

I-ah und Eulenruf

Liebe Kinder, stellt euch vor,
die Tiere singen jetzt im Chor.
Was, denkt ihr, fällt den Tieren ein?
Musikalisch sind sie klein.

Im Herzen aber umso mehr
wunderbar begabt.
Töne hört ihr, die vielleicht
ihr noch nie vernommen habt.

I-ah-Laute, Muh und Mäh,
zartes Quietschen in der Näh.
Eulenrufe und Trompeten.
Sogar Muttertiere blöken.

Das Kamel wiegt sich im Takt.
Das Kind liegt da, ein wenig nackt.
Aber schon hebt es den Kopf.
Von draußen ruft der Wiedehopf.

Tiere singen, sie auch Boten,
dem Geborenen zu,
sanft ergriffen, ohne Noten:
Schlafe, Kind, in süßer Ruh.

Unsere älteren Brüder

Tiere, unsere
älteren Brüder,
Tiere haben
Mund und Glieder,

fühlen Nähe,
fühlen Ferne.
Tiere sehen
nachts die Sterne.

Vieles bleibt uns
unbekannt.
Sie wohnen mit
in *unserem* Land.

Wilde Mähnen
und auch zahme,
Sänger, Säuger,
Flinke, Lahme.

Zu Weihnacht sind sie
all versammelt,
jubilieren,
einer stammelt.

Flügler, Läufer
vor dem Stall.
Hosianna
überall.

Fell gekleidet,
im Gefieder,
singen fröhlich
Krippenlieder.

Friede hier,
IHM Ehre oben.
Sie wollen ihren
Schöpfer loben.

Ein Sohn, sein Sohn
geboren ist.
Gepriesen sei
der heilige Christ.

Federn und Pelz

Wen hättest du noch gern
vor der Krippe gefunden?
Welches Tier von seinem
Abseits entbunden?

Dass es herliefe
zu Heu und Stroh
oder herflöge,
einfach so?

Wo Augen und Münder
voll Staunen sind,
Federn und Pelz
vor dem heiligen Kind.

Komm ruhig her,
du darfst sie fragen,
ihr Flügeln, ihr Staunen
weiter tragen.

Ereignis und Kunde
verbinden sich hier.
Beuge dich, flöte
einem Tier.

Wahrscheinlich wird jedes
anders erzählen.
Magst du ein großes,
ein kleines wählen?

An diesem Tag

Von diesem Tag werden Menschen
noch lang erzählen,
einige wundersame Klänge,
andere I-ah-Rufe erwähnen.

Armer Leute Kinder
werden oft am Weg geboren.
Ins Tuch gewickelt, unter Fellen
sind sie nicht erfroren.

Auf diesem Sohn lag Glanz,
überirdischer Schein.
Aus welchen Höhen mochte
der geboren sein?

Eule, Taube und Kamel
hatten, das Kind zu finden, eilig.
An diesem Tag sprach der Himmel
sogar Tiere heilig.

Du schaust auf die Krippe

Du schaust auf die Krippe
und siehst sie stehn.
Ochs und Esel blicken auf.

Du glaubst, du kennst sie,
ein Wiedersehn,
hörst ihr helles Geschnauf.

Als wären die Tiere
lichter geworden
vor dem Kind im Trog.

Jahr für Jahr
kehrst du wieder,
zieht es dich in seinen Sog.

Nachwort

Mathis hörte in der Schule die Geburtsgeschichte von Jesus. Die Lehrerin erzählte, dass in der Herberge kein Platz war für Maria und Josef. Die Geburt geschah deshalb außerhalb der Stadt. Mathis war sehr verwundert. Keine Klinik, in der das Kind zur Welt kam, nicht einmal ein richtiges Haus, sondern draußen, wo sich Eule und Esel Gute Nacht sagen. Noch weiter draußen hielten Hirten bei ihren Herden Nachtwache. In der Nähe der Schafe treiben sich gefährliche Tiere herum, die nachts Beute suchen. Meist hörte man außer dem Blöken der Lämmer und dem Bellen der Hunde wenig. In dieser Nacht sahen die Hirten plötzlich ein helles Licht am Himmel. Sie sprangen auf und rieben sich die Augen. Himmlischer Gesang. Lichtgestalten sangen das Lob Gottes und verkündeten Frieden auf Erden. Friede auf Erden, wann hat es das jemals gegeben? Ein Engel im großen Lichtgewand trat aus der himmlischen Heerschar hervor und sprach von einem neugeborenen Kind in der Nähe. Die Hirten erschraken. Noch nie waren sie von einem Engel angesprochen worden. Einige hielten ihre Hände vor die Augen, um sich vor dem Licht zu schützen. Andere rissen ihre Arme in die Höhe vor Erstaunen. Wieder andere fielen aus Furcht zu Boden. Der Engel sprach: *Fürchtet euch nicht. Euch ist der Heiland geboren, der Weltenherr.* Wer ist geboren?, rief der schwerhörige Semi dem Josua zu. Hast du nicht gehört? antwortete Josua, der Heiland der Welt! Wo?, fragte Semi weiter. Drüben in Betlehem, sagte Josua. Das heißt, nicht genau in Betlehem, etwas abseits, in einem Stall. Das Kind liege in einer Futterkrippe, sagte der Engel. In einer Krippe? Wie soll das zusammengehen, ein himmlisches Kind und eine Krippe? Ein Herrschaftskind im Futtertrog? Das gibt es doch nicht. In der Tat war so etwas nie berichtet worden. Darin hatte Semi Recht. Die Hirten besprachen das Gehörte, dann machten sie sich auf den Weg. Ein paar mussten zurückbleiben bei den Tieren. Viel hatten sie nicht mitzunehmen, um das Kind zu begrüßen. Sie warfen ein paar Felle über die Schulter. Sehr genau war die Ortsangabe des Engels nicht. Aber wenn das Kind in einem Futtertrog liegt, dann muss es die alte Stallhöhle sein, wo sie bei Kälte die Jungtiere mit ihren Müttern unterstellen. Diese Überlegung vereinfachte die Suche. Sie stapften hintereinander her und fanden ziemlich bald die Höhle mit Vater, Mutter und Kind. Die Mutter schien noch sehr jung zu sein. Der

Vater blickte etwas verlegen drein, weil er seiner Frau kein besseres Lager anbieten konnte. Aber wir wissen ja, die beiden waren unterwegs und in der Herberge mochte man nicht eine Frau, die vor ihrer Niederkunft war. Die Hirten machten große Augen, Augen der Verwunderung und der Verlegenheit. Das soll der Geburtsort des Heilandes sein? Müsste der nicht selbst erst geheilt werden von seiner Armut? Sie zögerten, herauszurücken mit der ungeheuren Botschaft, die ihnen der Engel zugesprochen hatte. Es schien ihnen, die passte hier nicht in diese Höhle. Hinten im Stall stand ein Ochs, der gerade wiederkäute, neben ihm ein kleiner Esel. Natürlich mussten die Hirten zur Begrüßung etwas sagen. Große Redner waren sie nicht. Aber einem von ihnen werden schon ein paar Sätze eingefallen sein. Tatsächlich sprach dann einer von dem Licht am Himmel, das sie gesehen, und von der Kunde, die sie vernommen hatten. Mit seinen Worten fiel etwas von diesem Licht in das Dunkel der Höhle. Ein Neugeborenes hatten die Männer schon oft gesehen, aber nicht in einer so erbärmlichen Lage. Die Eltern waren sehr verwundert über das, was die Hirten berichteten. Die Botschaft, die der Engel vor der Empfängnis Maria verkündet hatte, hat sich bewahrheitet. Jesus, das in der Davidstadt geborene Kind, ist der Gottessohn.

So ungefähr hat die Lehrerin den Kindern erzählt. Dann fragte sie, was würdet ihr dem Neugeborenen und seiner Mutter sagen, wenn ihr die Hirten wärt? Schweigen im Raum. Warum sollten sie zu Besuchern in der Geburtshöhle werden? Josel stieß Mathis in die Seite: Sag du etwas. Aber so schnell konnte auch Mathis nicht antworten. Was Maria und Josef zu ihrem Kind gesagt haben, ist naheliegend. Maria sagte: Mein Sohn, mein geliebter Sohn, mein göttliches Kind. Josef sagte: Sei willkommen, heiliges Kind. Verzeih uns die Armut, in die du geboren wurdest. Sobald ich kann, wenn wir heimkommen nach Nazaret, werde ich ein Haus bauen. Als die Hirten Abschied genommen hatten und zu ihren Weiden zurückkehrten, wurde es dann doch noch eine Nacht großer Ankunft, des Flügelschlagens, scheuer Zurufe und vielsagender Rede. Irgendwie wollte jeder den Heiland der Welt begrüßen. Die Engel haben es schon getan. Menschen waren gekommen, nicht gerade ihre höchsten Vertreter, sondern arme Hirten. Schließlich war das Kind, trotz aller Rühmung durch Engel, auch arm. Arm – aber welch ein Rang, welcher Ruhm, welche Bedeutung! Über die wird man noch in Jahrhunderten, nach Jahrtausenden sprechen. Von dieser Bedeutung scheinen sogar Tiere Kunde vernommen zu haben. Sogar? Als ob sie nicht oft sensibler wären als die Menschen. Ja, Tiere kamen zu der Stallhöhle, die meisten etwas zaghaft, einige wegen ihrer Kraft von sich eingenommen, andere wegen ihrer Erfahrung. Natürlich kamen sie nicht in einer Reihe hintereinander. Der Löwe hinter dem Lamm, das wäre eine zu große Versuchung gewesen. Es kamen auch nicht alle auf einmal, das wäre ja ein Auflauf geworden. Einige trafen noch in der Nacht ein, andere am folgenden Tag und wieder andere noch später. Die Eule und die Taube hatten es leicht. Die flogen einfach her. Dem Kamel musste man Zeit lassen, eh es über die Berge schritt. Auch der Elefant hatte einen weiten Weg. Der Löwe und der Luchs, die sich in den Bergen herumtreiben, hatten nicht gerade den besten Ruf. Da war Vorsicht geboten. Der Floh und die Höhlenmaus hatten es nicht nur wegen ihres geringen Wuchses einfach. Die waren nämlich schon da, allerdings verborgen. Dass Ochs und Esel verborgen gewesen wären, kann man nicht sagen. Der eine stand mit großen Guckaugen, der andere mit langen Hörohren im Raum. Gönnen wir jedem Tier sein Nähertreten und seinen Auftritt. Was sagten sie bei ihrem Eintritt und Vortreten? Eine Taube ist gewandt, ein Hund beredt. Aber was spricht ein Langsamer, ein nur klein geratenes Tier, ein Lahmer? Das steht nicht in der Heiligen Schrift. So viele Seiten hat das Buch der Bücher nicht. Wahrscheinlich, meinte die Lehrerin, sollten sie selber nachdenken. Mathis meinte, nur vor sich hinstarren war Ochs und Esel sicher zu wenig. Aber keiner wusste, was Ochs und Esel gesagt hatten. Die Kinder dachten, die Lehrerin müsse es wissen. Aber entweder wusste sie es wirklich nicht oder sie wollte es nicht sagen. Eine klare Auskunft gab sie nicht. Am besten wird es sein, sagte sie zu Mathis, du fragst deinen Großvater. Frag ihn, ich glaube, der weiß es.

Als Mathis am späten Nachmittag nach Hause kam, fragte er den Großvater. Der war überrascht, aber vielleicht auch wieder nicht. Er machte sich viele Gedanken. Natürlich konnte nicht jeder Mensch die Sprache der Tiere verstehen. Die meisten zweifeln, ob Ochs und Esel, Kamel und Elefant und all die anderen Tiere überhaupt eine Sprache haben und nicht vielmehr nur Laute von sich geben. Großvater wusste, dass die Laute der Tiere sehr wohl eine Sprache waren. Ja, Mathis, sagte er, die Tiere haben gewiss gesprochen. Sie drückten ihre Freude und Verwunderung aus. Manch eines mag auch das kleine Wesen bedauert haben. Wir Menschen wissen, dass hier der Heiland der Welt geboren war. Der Welt! Nicht nur der Menschen. Ob die Tiere das wussten, ist eine andere Frage. Aber zur Welt gehören auch sie. Großvater machte eine Pause und schaute Mathis an. Er lobte ihn für seine Frage. Ich denke, fuhr Großvater fort, wir sollten darüber eine Nacht schlafen und morgen überlegen. Morgen, sagte er, erzähl ich dir, was die Tiere gesagt haben oder gesagt haben könnten. Denn genau wissen wir es nicht.

Am nächsten Abend nahm Großvater Mathis in sein Großvaterzimmer unter dem breiten Giebeldach. Da standen viele Bücher. Vor den Büchern stand ein Tisch, hinter dem Tisch ein großer runder Sessel. Darin saß Großvater oft, dachte nach und las und blätterte in seinen Büchern. Manchmal las er Mathis ein Märchen oder ein Abenteuer vor. Aber die meisten seiner Bücher erzählen von erwachsenen Menschen, von deren Wissen, ihrer Glücksuche, ihren Unternehmungen, auch von Gedanken, die sie anstellten, vor allem aber von ihrer Lebensgeschichte. Die Lebensgeschichte ist das Eigenste eines jeden Menschen. Jeder Mensch hat eine Lebensgeschichte. Und dann gab es noch einige Bücher in Großvaters Regalen, die erzählten von Gott. Auch Gott hat eine Geschichte mit den Menschen. Aha, sagte Mathis, das mit Jesus ist doch eine Geschichte mit den Menschen. Gewiss, sagte Großvater. Die Geschichte von Jesus ist die größte Geschichte Gottes mit den Menschen. Dem kleinen Zuhörer flossen Neugier und Erwartung bis hinter die Ohren. An drei Abenden ließ Großvater besagte Tiere und noch einige andere zur Krippe kommen. Die Tiere erschienen gerne. Sie dankten sogar Großvater, dass sie kommen und sich vorstellen durften. Bitte, Großvater, sagte Mathis, schreib mir alle Tiere auf, die zum Stall in Betlehem gekommen sind, und alles, was sie sagten. Alles, was sie sagten, weiß ich nicht, sagte Großvater, aber einiges kann ich dir mitteilen.

Am nächsten Tag besprach sich Großvater mit einem befreundeten Maler. Der konnte die Tiere nicht nur reden lassen, sondern leibhaftig zeigen, die großen und die kleinen, die zahmen und die wilden, die nahen und die ferneren, die zu Fuß kamen, die mit Mühe kamen und jene, die federleicht anflogen. Hier ist, was Großvater an mehreren Abenden aufschrieb und der Maler in seine Malmappe gezeichnet hat.

Paul Konrad Kurz, *geboren 1927. Studium der Philosophie und Theologie, Germanistik und Anglistik. Zahlreiche Publikationen im Spannungsfeld von Literatur und Religion. Mitarbeit an Zeitschriften und im Rundfunk. Mehrere Lyrikbände. Mitglied des PEN und der Europäischen Akademie für Wissenschaft und Kunst. Lebt in Gauting bei München.*

Sieger Köder, *geboren 1925. Studium an der Kunstakademie Stuttgart, 1954–1965 Kunsterzieher in Aalen. Studium der Katholischen Theologie in Tübingen und München, Priesterweihe 1971. Bis 1995 Pfarrer in Hohenberg und Rosenberg. Zahlreiche Arbeiten im Kirchenraum, Ölbilder, Zeichnungen, Illustrationen. Lebt in Ellwangen.*